Test Pattern

PLATE 1

Test Pattern

PLATE 2

Test Pattern

PLATE 3

Test Pattern

PLATE 4

Test Pattern

PLATE 5

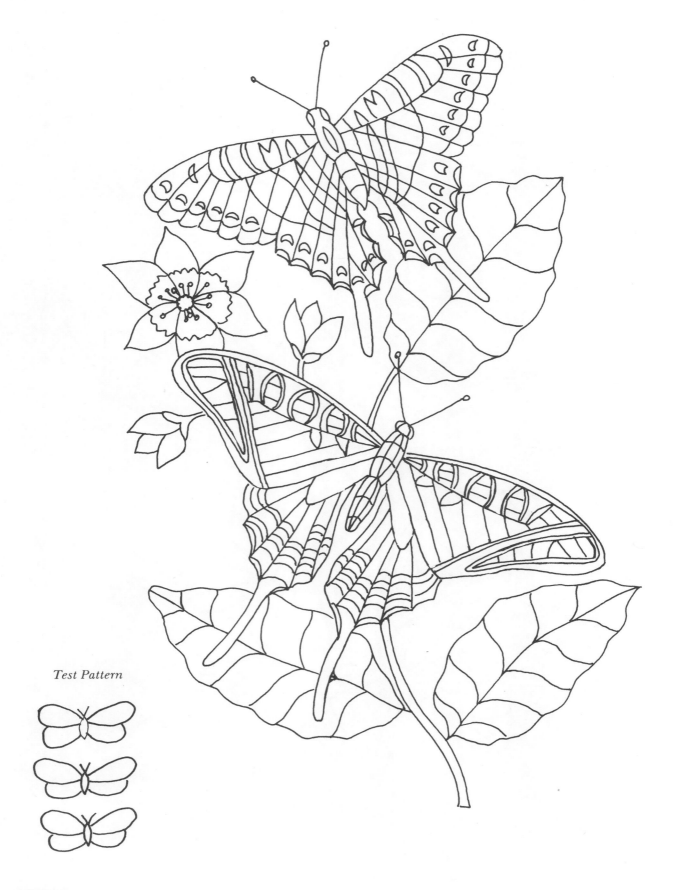

Test Pattern

PLATE 6

Test Pattern

PLATE 7

PLATE 8

PLATE 9

Test Pattern

PLATE 10

Test Pattern

PLATE 11

Test Pattern

PLATE 12

Test Pattern

PLATE 13

Test Pattern

PLATE 14

Test Pattern

PLATE 15

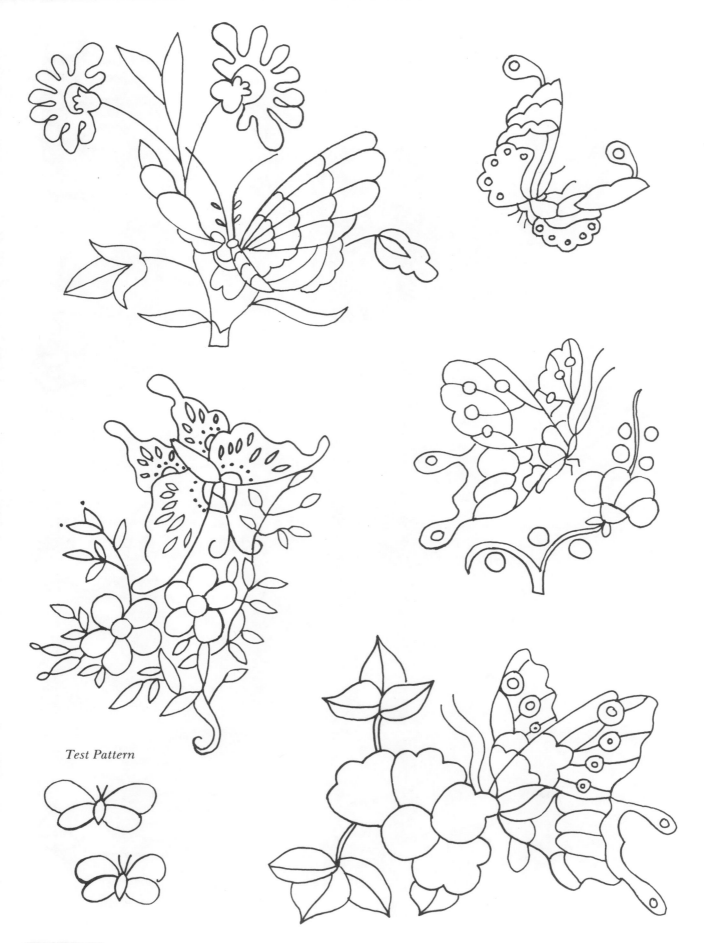

Test Pattern

PLATE 16

Test Pattern

PLATE 17

Test Pattern

PLATE 18

Test Pattern

PLATE 19

Test Pattern

PLATE 20

PLATE 21

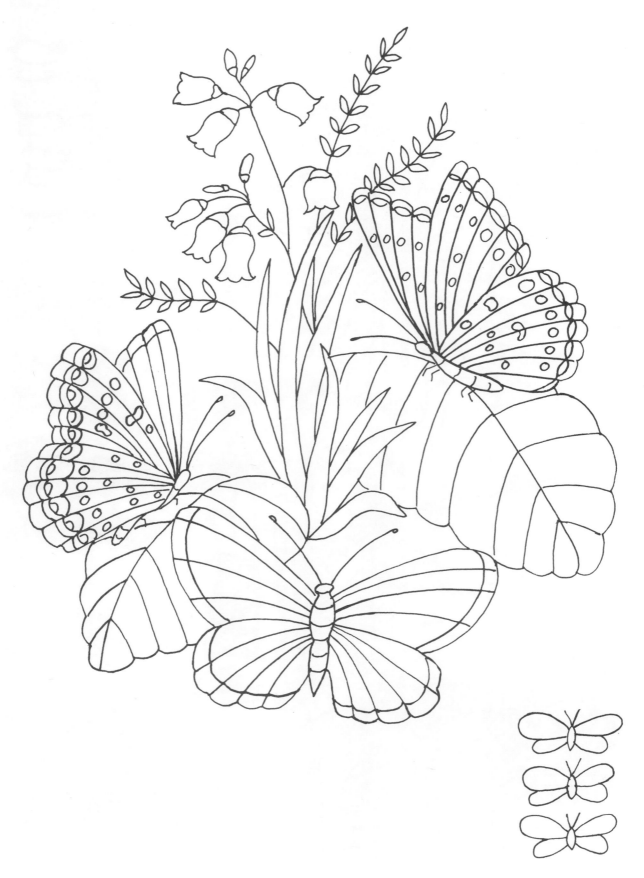

PLATE 22

Test Pattern

PLATE 23